À toi! 2

Grammatikheft

Vokabeltrainer-App

Verfügbar für: iOS, Android und Windows Phone

Cornelsen

À toi! 2

Grammatikheft für den Französischunterricht

Im Auftrag des Verlages erarbeitet von
Mirjam Friebe

und der Redaktion Französisch
Jana Silckerodt

Beratende Mitwirkung: Erika Sonneck

Umschlaggestaltung: werkstatt für gebrauchsgrafik, Berlin
Layout und technische Umsetzung: Rotraud Biem, Berlin
Illustrationen: Laurent Lalo, Yayo Kawamura
Umschlagfoto: © Cornelsen, Denimal/Uzel (Vordergrund); Getty Images / AgenceImages, J. Debru
(Hintergrund)

Bildquellen:
© CornelsenVerlagsarchiv/Battaglini, S. 8 (une bouteille d'eau minérale), (un sachet de bonbons); © Denimal/Uzel, S. 3, S. 7,
S. 9, S. 15, S. 17, S. 20, S. 23, S. 24, S. 25, S. 28, S. 29, S. 32, S. 37, S. 38, S. 40, S. 45, S. 47, S. 49, S. 52 – © digitalstock, S. 8 (beaucoup
d'oranges) – © Fotolia.com/BeBoy, S. 35 (rechts oben); © Louis Renaud, S. 8 (pas de gâteau) – © iStockphoto/JohnGollop, S. 8
(un peu de fromage); © kaisersosa67, S. 35 (rechts unten); © Kjekol, S. 35 (links Mitte); © LuisPortugal, S. 35 (links unten);
© Maria Toudoudaki, S. 8 (un kilo de tomates); © Serg_Velusceac, S. 35 (links oben); © Spiritartist, S. 8 (trop de pommes)

© Casino, S. 8 (un pot de confiture) – © Magasin U, S. 35 (rechts Mitte) – © Sipa / Isabell Simon, S. 8 (un litre de lait)

www.cornelsen.de

Die Mediencodes enthalten ausschließlich optionale Unterrichtsmaterialien;
sie unterliegen nicht dem staatlichen Zulassungsverfahren.

2. Auflage, 7. Druck 2024

Alle Drucke dieser Auflage sind inhaltlich unverändert
und können im Unterricht nebeneinander verwendet werden.

Druck: Athesiadruck GmbH, Bozen

ISBN 978-3-06-520413-2

PEFC-zertifiziert
Dieses Produkt
stammt aus
nachhaltig
bewirtschafteten
Wäldern und
kontrollierten Quellen
PEFC/18-31-166 www.pefc.de

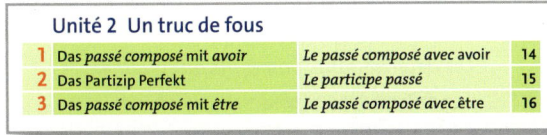

Salut! In diesem Heft findest du den gesamten Grammatikstoff von *À toi!* **2**. Wir begleiten dich durch dein Grammatikheft und geben dir Lerntipps.

Unité 2	Un truc de fous		
1	Das *passé composé* mit *avoir*	*Le passé composé avec* avoir	**14**
2	Das Partizip Perfekt	*Le participe passé*	**15**
3	Das *passé composé* mit *être*	*Le passé composé avec* être	**16**

Wenn du wissen willst, wo du Erklärungen zu einem bestimmten grammatischen Thema finden kannst, schlägst du im Inhaltsverzeichnis auf den Seiten 4–5 nach.

Was du schon weißt ...

Hier findest du einen Überblick über die Grammatik, die du bereits gelernt hast.

Elle achète	**du**	sucre,	Sie kauft	■ Zucker,
	de la	farine,		■ Mehl,
	de l'	huile,		■ Öl,
	des	œufs.		■ Eier.

Bei unbestimmten Mengen verwendest du im Französischen den Teilungsartikel.
Der Teilungsartikel hat die gleiche Form wie der zusammengezogene Artikel mit *de*: *du, de la, de l', des*.

Bei jedem neuen grammatischen Thema findest du zuerst Beispiele und darunter die Erklärung.

! Das Ausrufezeichen bedeutet, dass etwas besonders auffällig ist oder es sich um eine Ausnahme handelt.

*faire + **du** / **de la** / **de l'** + Nomen*

Eine kurze Zusammenfassung der Regeln findest du auf den orangefarbenen Merkzetteln.

Possessivbegleiter = besitzanzeigender Begleiter (z. B. *mon, ton, son*)

Auf diesen Stickern findest du die Bedeutung von grammatischen Begriffen.

FAIS LE POINT ✓ ▶ **Webcode: ATOI-2-GH**

Complète par les formes du verbe *faire* et *du / de la / de l'*.

1. *Les parents de Selma* ? ? *natation.*
2. *Matéo et moi, nous* ? ? *escalade.*
3. *Lôc* ? ? *VTT.*
4. *Mathilde et Selma* ? ? *musique.*

In den grünen *Fais le point*-Kästen gibt es Übungen zu den neuen Grammatikthemen. Hier kannst du überprüfen, ob du alles verstanden hast. Die Lösungen findest du auf **www.cornelsen.de/webcodes** unter dem Webcode **ATOI-2-GH**.

infinitif		**avoir** (haben)		**être** (sein)
présent	j'	ai	je	suis
	tu	as	tu	es

Auf den Seiten 53–56 findest du die Konjugationen aller Verben aus *À toi!*.

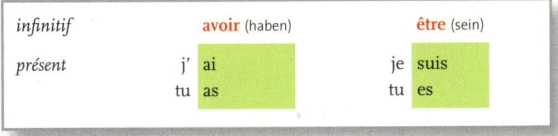

Viel Erfolg beim Französischlernen – und viel Spaß!

Inhaltsverzeichnis

Was du schon weißt ...

Was du schon weißt …

Das Nomen und sein Begleiter | *Le nom et son déterminant*

1 Der bestimmte Artikel | *L'article défini*

	männlich		weiblich	
	vor Konsonant	vor Vokal	vor Konsonant	vor Vokal
Singular	le garçon	l'ordinateur	la fille	l'armoire
Plural	les garçons	les_ordinateurs	les filles	les_armoires

2 Der unbestimmte Artikel | *L'article indéfini*

	männlich		weiblich	
	vor Konsonant	vor Vokal	vor Konsonant	vor Vokal
Singular	un garçon	un_ordinateur	une fille	une_armoire
	ein Junge	ein Computer	ein Mädchen	ein Schrank
Plural	des garçons	des_ordinateurs	des filles	des_armoires
	■ Jungen	■ Computer	■ Mädchen	■ Schränke

! Im Deutschen gibt es keinen unbestimmten Artikel im Plural.

3 Der zusammengezogene Artikel mit *de* und *à* | *L'article contracté avec* de *et* à

La boîte est à côté	du bureau.	Die Schachtel ist neben dem Schreibtisch.
Le chat est à côté	de la chaise.	Die Katze ist neben dem Stuhl.
Le miroir est à côté	de l'étagère.	Der Spiegel ist neben dem Regal.
Les livres sont à côté	des boîtes.	Die Bücher sind neben den Schachteln.
Robin ne va pas	au club de foot.	Robin geht nicht zum Fußballverein.
Il va	à la médiathèque.	Er geht in die Mediathek.
Ils ne vont pas	à l'école.	Sie gehen nicht in die Schule.
Nicolas va	aux Deux-Alpes en août.	Nicolas fährt im August nach Les Deux-Alpes.

Die Präpositionen *de* und *à* werden mit den bestimmten Artikeln *le* und *les* zusammengezogen.

de + le → *du*	de + l' → *de l'*
de + la → *de la*	de + les → *des*

à + le → *au*	à + l' → *à l'*
à + la → *à la*	à + les → *aux*

4 Die Possessivbegleiter im Singular | *Les déterminants possessifs au singulier*

ein „Besitzer"	Nomen im Singular			Nomen im Plural
	männlich	**weiblich**	**vor Vokal**	
(moi)	**mon** père	**ma** mère	**mon** ami **mon** amie	**mes** amis **mes** amies
(toi)	**ton** frère	**ta** sœur	**ton** ami **ton** amie	**tes** frères **tes** sœurs
(il) (elle)	**son** cousin	**sa** cousine	**son** ami **son** amie	**ses** cousins **ses** cousines

> *Possessivbegleiter* =
> besitzanzeigender
> Begleiter *(mein,
> dein, sein ...)*

son père   son père

> ***Son père*** heißt
> sowohl **sein** *Vater*
> als auch **ihr** *Vater*!

Im Französischen richten sich die Possessivbegleiter nach dem Nomen, vor dem sie stehen.

5 Die Possessivbegleiter im Plural | *Les déterminants possessifs au pluriel*

mehrere „Besitzer"	Nomen im Singular		Nomen im Plural	
	männlich	**weiblich**	**männlich**	**weiblich**
(nous)	**notre** prof	**notre** amie	**nos** devoirs	**nos** réponses
(vous)	**votre** livre	**votre** bédé	**vos** livres	**vos** feuilles
(ils) (elles)	**leur** collège	**leur** photo	**leurs** ordinateurs	**leurs** fautes

Notre, votre, leur stehen vor männlichen und weiblichen Nomen im Singular.
Nos, vos, leurs stehen vor männlichen und weiblichen Nomen im Plural.

6 Die Mengenangaben | *Les quantifiants*

un kilo de tomates	**beaucoup d'**oranges
un litre de lait	**un peu de** fromage
une bouteille d'eau minérale	**trop de** pommes
un pot de confiture	**ne ... pas de** gâteau
un sachet de bonbons	

Nach Mengenangaben steht im Französischen immer **de**. Dann folgt das Nomen ohne Artikel.
Vor einem Nomen, das mit einem Vokal oder stummem **h** beginnt, wird **de** zu **d'** verkürzt.

Mengenangabe + **de/d'** + Nomen

Das Adjektiv | *L'adjectif*

7 Das Adjektiv | *L'adjectif*

Einzahl (Singular)

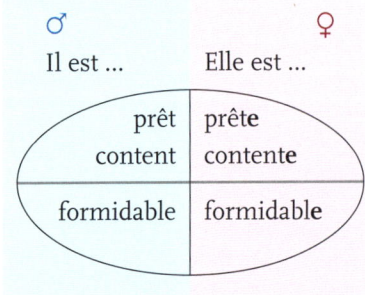

Mehrzahl (Plural)

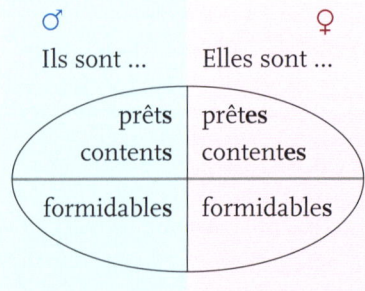

Französische Adjektive werden immer dem Nomen angeglichen, zu dem sie gehören.
Für die weibliche Form hängst du ein **-e** an das Adjektiv an, für die Pluralformen ein **-s**.

Das Pronomen | *Le pronom*

8   Das Personalpronomen | *Le pronom personnel*

Singular	1. Person	je	ich
	2. Person	tu	du
	3. Person	il elle on	er sie man/wir
Plural	1. Person	nous	wir
	2. Person	vous	ihr/Sie
	3. Person	ils elles	sie sie

Die Personalpronomen stehen immer vor einem konjugierten Verb.
Das sächliche *es* gibt es im Französischen nicht.

Das Verb | *Le verbe*

9   Die regelmäßigen Verben auf *-er* | *Les verbes réguliers en* -er

Die regelmäßigen Verben auf *-er* werden alle gleich konjugiert. (Ausnahme: *aller*. Das ist unregelmäßig.)
Das Konjugationsmuster findest du auf S. 53.

10   Die unregelmäßigen Verben *être, avoir, aller, faire, pouvoir, vouloir* | *Les verbes irréguliers* être, avoir, aller, faire, pouvoir, vouloir

Die Konjugation der unregelmäßigen Verben *être, avoir, aller, faire, pouvoir* und *vouloir* findest du auf den Seiten 53–56.

Alle diese Verbformen musst du auswendig können.

11 *aimer* + Infinitiv und *aimer* + Nomen | aimer + *infinitif et* aimer + *nom*

Marie	**aime**	**chanter.**	Marie singt gerne.
Elle	n'**aime** pas	**travailler.**	Sie arbeitet nicht gerne.
Maxime	**aime**	**les ordinateurs.**	Maxime mag Computer.
Il	n'**aime** pas	**les chiens.**	Er mag Hunde nicht.

Folgt nach **aimer** ein Nomen, dann steht es immer mit dem bestimmten Artikel.

> **aimer** + **Infinitiv**
> oder
> **aimer** + **bestimmter Artikel** + **Nomen**

12 Der Imperativ | *L'impératif*

Lucas, **regarde** la photo!

Regardons les photos.

Théo et Laurine, **regardez**.

Regardez, monsieur.

Mit dem Imperativ forderst du jemanden auf, etwas zu tun.

Du forderst eine Person auf, die du duzt:	1. Person Singular	→ *Regarde.*
Du forderst dich und andere auf:	1. Person Plural	→ *Regardons.*
Du forderst mehrere Personen auf:	2. Person Plural	→ *Regardez.*
Du forderst eine Person auf, die du siezt:	2. Person Plural	→ *Regardez.*

13 Das *futur composé* | *Le futur composé*

Je	**vais**	**aller**	à Paris.	Ich werde nach Paris fahren.
Tu	**vas**	**regarder**	un spectacle?	Wirst du eine Vorführung anschauen?
Il/Elle/On	**va**	**faire**	du shopping.	Er/Sie wird / Wir werden shoppen gehen.
Nous	**allons**	**visiter**	un musée.	Wir werden ein Museum besuchen.
Vous	**allez**	**danser**	ensemble.	Ihr werdet zusammen tanzen.
Ils/Elles	**vont**	**habiter**	chez sa sœur.	Sie werden bei ihrer Schwester wohnen.

Das *futur composé* bildest du mit einer konjugierten Form des Verbs **aller** und einem Infinitiv.

> konjugierte Form von **aller** + Infinitiv = *futur composé*

Der Satz | *La phrase*

14 Die Verneinung mit *ne ... pas* | *La négation avec* ne ... pas

> Je range ma chambre,
> je ne range pas ma chambre ...

– Est-cc que Lola travaille?
Arbeitet Lola?

– Non, elle **ne** travaille **pas**. Elle rêve.
Nein, sie arbeitet nicht. Sie träumt.

– Est-ce qu'elle habite à Paris?
Wohnt sie in Paris?

– Non, elle **n'**habite **pas** à Paris. Elle habite à Lyon.
Nein, sie wohnt nicht in Paris. Sie wohnt in Lyon.

– Je suis d'accord.
Ich bin einverstanden.

– Tu **n'**es **pas** d'accord?
Bist du nicht einverstanden?

Bei der französischen Verneinung steht **ne** vor dem konjugierten Verb und **pas** dahinter. Vor einem Verb, das mit einem Vokal oder stummem **h** beginnt, wird **ne** zu **n'**.

– Anissa va inviter ses copains?
Wird Anissa ihre Freunde einladen?

– Non, elle **ne** va **pas** inviter ses copains.
Nein, sie wird ihre Freunde nicht einladen.

– Maxime veut aller au cinéma?
Will Maxime ins Kino gehen?

– Non, il **ne** veut **pas** aller au cinéma.
Nein, er will nicht ins Kino gehen.

Auch beim *futur composé*, bei **pouvoir** + Infinitiv, **vouloir** + Infinitiv und **aimer** + Infinitiv umschließt die Verneinungsklammer nur das konjugierte Verb.

> **ne** + konjugiertes Verb + **pas** = Verneinung

15 Der Fragesatz | *La phrase interrogative*

Fragesatz	Aussagesatz

Ça va?	Ça va.
C'est Maxime?	Oui, c'est Maxime.
Est-ce que tu organises une fête?	Non.

Fragesätze sprichst du mit ansteigender Satzmelodie, Aussagesätze mit fallender Satzmelodie.
Du kannst einen Fragesatz bilden, indem du ***est-ce que*** vor den Aussagesatz stellst.

> ***Est-ce que*** + Aussagesatz + **?** = Fragesatz

| **Où** sont les photos? | **Wo** sind die Fotos? |
| **Qui** est dans la cuisine? | **Wer** ist in der Küche? |

Mit ***où*** fragst du, wo jemand/etwas ist oder wohin jemand geht.
Mit ***qui*** fragst du nach Personen.

Qu'	est-ce que	tu cherches?	**Was** suchst du?
Pourquoi	est-ce que	vous êtes en retard?	**Warum** seid ihr zu spät?
Où	est-ce que	tu habites?	**Wo** wohnst du?
Comment	est-ce que	vous rentrez?	**Wie** geht ihr nach Hause?
Quand	est-ce qu'	ils vont à la cantine?	**Wann** gehen sie in die Kantine?
Avec qui	est-ce que	tu chattes?	**Mit wem** chattest du?
Chez qui	est-ce qu'	on mange?	**Bei wem** essen wir?
Pour qui	est-ce que	tu fais le gâteau?	**Für wen** machst du den Kuchen?

Est-ce que-Fragen kannst du auch mit Fragewörtern bilden.

> Fragewort + ***est-ce que*** + Aussagesatz + **?**

1 *faire + du / de la / de l' + Nomen* | faire + du / de la / de l' + *nom*

DAS WEISST DU SCHON

~~de + le~~ = **du**
de + la = **de la**
de + l' = **de l'**
~~de + les~~ = **des**

Die Präposition **de** wird mit den bestimmten Artikeln **le** und **les** zusammengezogen.

Präposition = z. B. à, de, sur, sous, devant

))))) DAS IST NEU

> Moi, non. Je fais de la planche à voile.

> On fait du volley. Et toi?

Luc	fait	du	volley.	Luc spielt Volleyball.
Sarah	fait	de la	musique.	Sarah macht Musik.
Je	fais	de l'	escalade.	Ich klettere.

Du kannst im Französischen über dein Hobby sprechen, indem du **faire du / de la / de l'** und ein Nomen verwendest. Im Deutschen verwendest du zum Beispiel *spielen* oder *machen* ohne Präposition und Artikel oder ein Vollverb (wie *klettern*).

> **faire + du / de la / de l' + Nomen**

FAIS LE POINT

▶ **Webcode: ATOI-2-GH**

Complète par les formes du verbe **faire** et **du / de la / de l'**.

1. *Les parents de Selma* ? ? *natation.*
2. *Matéo et moi, nous* ? ? *escalade.*
3. *Lôc* ? ? *VTT.*
4. *Mathilde et Selma* ? ? *musique.*

1 Das *passé composé* mit *avoir* | *Le passé composé avec* avoir

DAS WEISST DU SCHON

Il **chante**.   Er singt.

Wenn du über die Gegenwart sprichst, verwendest du ein Verb im ***présent***.

Il **va chanter**.   Er wird singen.

Wenn du über die Zukunft sprichst, verwendest du das ***futur composé***.

》》》 **DAS IST NEU**

Il va regarder la télé.

Il regarde son DVD préféré.

Il **a regardé** quatre DVD.

Wenn du über etwas sprichst, das in der Vergangenheit geschehen ist, verwendest du das ***passé composé***.

	Hilfsverb	Partizip Perfekt		
J'	**ai**	**aidé**	Lisa.	Ich habe Lisa geholfen.
Tu	**as**	**quitté**	la plage.	Du hast den Strand verlassen.
Il/Elle/On	**a**	**sauvé**	le chat.	Er/Sie hat / Wir haben die Katze gerettet.
Nous	**avons**	**apporté**	une quiche.	Wir haben eine Quiche mitgebracht.
Vous	**avez**	**appelé**	Hugo?	Habt ihr Hugo angerufen?
Ils/Elles	**ont**	**ignoré**	le drapeau rouge.	Sie haben die rote Flagge nicht beachtet.

Das ***passé composé*** bildest du mit der konjugierten Form von ***avoir*** im ***présent*** und dem Partizip Perfekt eines Verbs. Das Perfekt im Deutschen wird genauso gebildet wie das ***passé composé***.

> ***Partizip Perfekt*** =
> z. B. *geholfen/aidé,*
> *angerufen/appelé*

Steht im Deutschen das Hilfsverb ***haben***, dann bildest du das ***passé composé*** meistens auch mit ***avoir***.

> konjugierte Form von ***avoir*** im ***présent*** + Partizip Perfekt = ***passé composé***

Complète par les formes du verbe *avoir*.

1. J' ? chatté avec Lôc.
2. Ils ? aidé Selma.
3. Nous ? apporté des pommes.
4. Tu ? mangé un sachet de bonbons?
5. Vous ? acheté le livre pour Mathilde?
6. Elle ? travaillé dans une boulangerie.

2   Das Partizip Perfekt | *Le participe passé*

Verben auf *-er*

aid**er**	→ aid**é**	helfen	→ geholfen
appel**er**	→ appel**é**	(an)rufen	→ (an)gerufen
mang**er**	→ mang**é**	essen	→ gegessen
regard**er**	→ regard**é**	anschauen	→ angeschaut
sauv**er**	→ sauv**é**	retten	→ gerettet

Für das *passé composé* benötigst du das Partizip Perfekt.
Bei den regelmäßigen Verben auf *-er* endet das Partizip Perfekt auf *-é*.

Unregelmäßige Verben

avoir	→ **eu** [y]	haben	→ gehabt
être	→ **été**	sein	→ gewesen
faire	→ **fait**	machen	→ gemacht
pouvoir	→ **pu**	können	→ gekonnt
vouloir	→ **voulu**	wollen	→ gewollt

Diese Verben haben unregelmäßige Partizipien. Lerne sie auswendig!

Mets les verbes au *passé composé*.

1. Alexandre et Bilal ? ? deux gâteaux! (manger)
2. J' ? ? de l'escalade au Pic Saint-Loup. (faire)
3. Mathilde ? déjà ? les sauveteurs. (appeler)
4. Nous ? ? le père de Noah. (aider)
5. Vous ? ? aller à la plage hier? (pouvoir)
6. Qu'est-ce que tu ? ? au Polygone? (acheter)

3 Das *passé composé* mit *être* | *Le passé composé avec* être

Il est allé à Montpellier.

Elle est allée au Polygone.

Ils sont allés à Marseille.

Elles sont allées à Paris.

Ils sont allés aux Deux-Alpes.

Steht im deutschen Perfekt das Hilfsverb **sein**, dann bildest du bei den meisten Verben im Französischen das *passé composé* mit der konjugierten Form von *être* und dem Partizip Perfekt.

❗ Beim *passé composé* mit *être* musst du das Partizip Perfekt angleichen.
Das funktioniert genauso wie beim Adjektiv: Die weibliche Singularform bekommt zusätzlich ein **-e**, die männliche Pluralform ein **-s** und die weibliche Pluralform ein **-es**.

> ♟ konjugierte Form von *être* + Partizip Perfekt
> ♟ konjugierte Form von *être* + Partizip Perfekt + *-e*
> ♟♟/♟♟ konjugierte Form von *être* + Partizip Perfekt + *-s*
> ♟♟ konjugierte Form von *être* + Partizip Perfekt + *-es*

♟♟♟ Vous **êtes montés** dans le bateau.   Ihr seid ins Boot gestiegen.
♟♟♟ Vous **êtes montées** sur la tour Eiffel.   Ihr seid auf den Eiffelturm gestiegen.
♟ Vous **êtes allé** au cinéma?   Sind Sie ins Kino gegangen?
♟ Vous **êtes allée** à la plage?   Sind Sie zum Strand gegangen?

❗ Bei *vous* gibt es vier Formen beim Partizip Perfekt.
Vous êtes allé verwendest du für die Höflichkeitsform *(Sie)*, wenn du einen Mann ansprichst.
Vous êtes allée verwendest du für eine Frau.

il est (re)monté

ils sont arrivés

ils sont rentrés

il est entré

il est passé (chez qn)

elle est restée

elles sont allées

elle est tombée

Diese Verben bilden wie im deutschen Perfekt das *passé composé* mit *être*.

❗ Bei einigen Verben verwendest du im deutschen Perfekt das Hilfsverb *sein*, bildest aber im Französischen das *passé composé* mit *avoir*. Lerne sie auswendig.

Folgende Verben kennst du schon:

🇫🇷 être: Il **a** été à la plage. surfer: Elle **a** surfé. chavirer: Le bateau **a** chaviré.

🇩🇪 sein: Er **ist** am Strand gewesen. surfen: Sie **ist** gesurft. kentern: Das Boot **ist** gekentert.

> *Être, surfer, chavirer* brauchen **avoir** für's *passé composé*!

FAIS LE POINT ✔ ▶ **Webcode: ATOI-2-GH**

1. Mets les verbes au *passé composé*.

a. *Paul* ? ? *à la plage. (aller)*

b. *Hier, nous* ? ? *à la maison. (rester)*

c. *Tu* ? ? *dans le bateau, Farid? (monter)*

d. *Mathilde et Selma* ? ? *à 10 heures. (arriver)*

e. *– Léo, tu* ? ? *chez Marius? (passer)*

   – Oui. Et nous ? ? *au stade ensemble. (aller)*

2. *Être* ou *avoir*? Mets les verbes au *passé composé*.

a. *Hier, on* ? ? *à la maison à 7 heures. (rentrer)*

b. *Vous* ? ? *du volley? (faire)*

c. *Ils* ? ? *au Polygone. (être)*

d. *Nous* ? ? *dans l'eau. (tomber)*

4   Die Verneinung beim *passé composé* | *La négation avec le passé composé*

Matéo **n'**a **pas** fait du volley.
Matéo hat nicht Volleyball gespielt.

Est-ce que Louise et Emma **ne** sont **pas** rentrées à la maison?
Sind Louise und Emma nicht nach Hause gegangen?

Wenn du einen Satz im *passé composé* verneinst, umschließen die Verneinungswörter *ne/n'* und *pas* das konjugierte Hilfsverb *avoir* oder *être*.

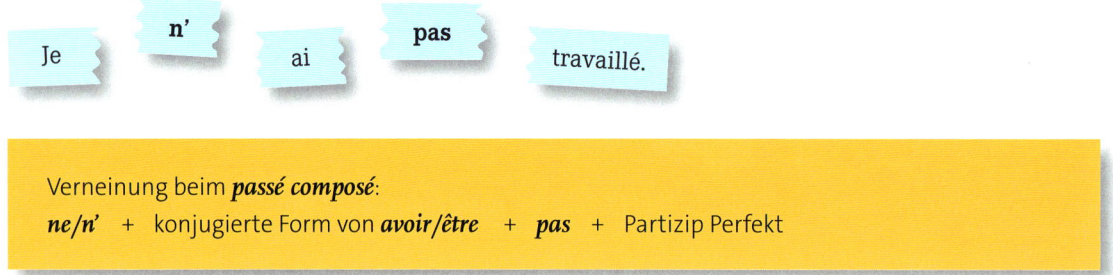

> Verneinung beim *passé composé*:
> *ne/n'*   +   konjugierte Form von *avoir/être*   +   *pas*   +   Partizip Perfekt

FAIS LE POINT ✓

▶ **Webcode: ATOI-2-GH**

Réponds aux questions. Utilise la négation.

1. – Est-ce que Charlotte est montée dans le bateau? – Non, elle ? . Elle est restée à la plage.
2. – Est-ce que Matéo et Louise ont mangé le gâteau? – Non, ils ? . Ils ont mangé deux pommes.
3. – Est-ce que tu as appelé Louise? – Non, je ? . Je suis passé chez elle.
4. – Est-ce que Selma est allée à la Fnac? – Non, elle ? . Elle est restée à la maison.
5. – Est-ce que vous avez été à la plage? – Non, nous ? . Nous avons fait nos devoirs.

5   Die Satzstellung beim *passé composé* | *L'ordre des mots avec le passé composé*

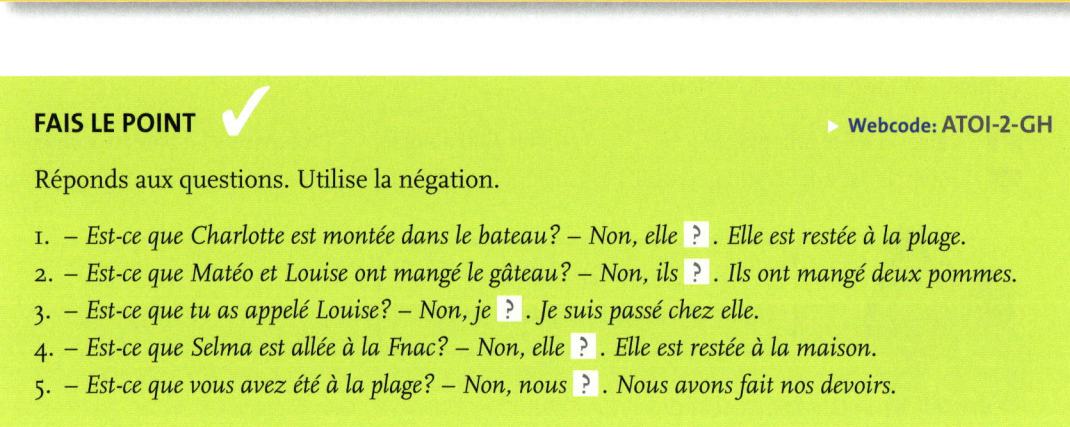

Subjekt	Hilfsverb		Adverb	Partizip Perfekt	Ergänzung
Paul	a			acheté	des livres.
Ils	ne sont	pas		allés	au cinéma.
Elles	sont		souvent	restées	à la maison.
Il	n' a	pas	beaucoup	aimé	l'aventure.

Adverb = z. B. souvent, beaucoup, déjà

Im Französischen steht die Ergänzung hinter dem Partizip Perfekt des Vollverbs.
Im Deutschen steht die Ergänzung hinter dem Hilfsverb, z. B. *Lukas **hat** die Bücher **gekauft***.
Die Adverbien stehen im Französischen meistens zwischen Hilfsverb und Partizip.

6 Das unverbundene Personalpronomen | *Le pronom personnel disjoint*

DAS WEISST DU SCHON

Je vais au cinéma.   **Ich** gehe ins Kino.
Vous rentrez à la maison?   Geht **ihr** nach Hause?

Du kennst bereits die Personalpronomen *je, tu, il/elle/on, nous, vous, ils/elles*.
Sie stehen immer vor einem Verb und heißen deshalb auch verbundene Personalpronomen.

))))) **DAS IST NEU**

C'est toi, Marie?

Non, c'est moi. Charlotte.

Im Französischen gibt es auch Personalpronomen, die alleine stehen können. Sie sind nicht mit einem Verb verbunden. Deshalb heißen sie **unverbundene Personalpronomen**.

– Théo, c'est qui?	– C'est **moi.**
– Où est mon sac?	– Il est derrière **toi.**
– Léo, c'est toi?	– Non, c'est **lui.**
– Tu travailles avec moi?	– Non, je travaille avec **elle.**
– Salut, je rentre.	– Tu ne restes pas avec **nous?**
– Tu vas à Montpellier?	– Oui, mais sans **vous.**
– La fête est chez Paul et Noah?	– Oui, c'est chez **eux.**
– Tu rentres avec tes copines?	– Oui, je rentre avec **elles.**

Die unverbundenen Personalpronomen verwendest du:
– in Sätzen ohne Verb (***Moi non plus.***),
– nach ***c'est ...*** / ***ce sont ...***,
– nach ***ce n'est pas ...*** / ***ce ne sont pas ...***,
– nach Präpositionen: z.B. ***avec, chez, devant, pour ...***

FAIS LE POINT ✓   ▸ **Webcode: ATOI-2-GH**

Complète par *moi, toi, lui, elle, nous, vous, eux* ou *elles*.

1. – Ce sont tes frères sur la photo? – Oui, ce sont .
2. Je rentre à 18 heures. Tu veux rentrer avec ? ?
3. Demain, c'est l'anniversaire de Matéo. On achète un cadeau pour ? ?
4. – Karim est déjà chez vous? – Oui, il est arrivé chez ? hier soir.
5. – Vous préparez votre exposé chez toi ou chez Mathilde?
   – Chez ? parce que mon ordinateur ne marche pas.

Mon look et moi

1 Das Adjektiv (attributiv) | *L'adjectif*

DAS WEISST DU

der **weiße** Hund
die **roten** Turnschuhe

Mit Adjektiven beschreibst du Personen, Tiere oder Gegenstände.
Du gleichst das Adjektiv an das Nomen an.

)))))) DAS IST NEU

le pull vert	der grüne Pulli
la veste noire	die schwarze Jacke
les pantalons bleus	die blauen Hosen
les jupes gris**es**	die grauen Röcke

> Das Adjektiv gleichst du an das Nomen an.

🇫🇷 Im Französischen stehen die meisten Adjektive hinter dem Nomen: *le pull **vert***.
🇩🇪 Im Deutschen stehen die Adjektive vor dem Nomen: *der **grüne** Pulli*.

FAIS LE POINT ✔

▶ **Webcode: ATOI-2-GH**

Mets les adjectifs à la bonne place. Fais attention à l'accord de l'adjectif.

1. *Mathieu aime son pantalon. (vert)*
2. *Alex adore ses vêtements. (noir)*
3. *Laure achète une casquette. (blanc)*
4. *Zoé habite dans une maison. (jaune)*
5. *Meryem a des baskets. (orange)*
6. *Enzo adore son vélo. (blanc)*

---

2 Der Infinitiv mit *pour* | *L'infinitif avec* pour

Mit ***pour*** + **Infinitiv** kannst du einen Zweck angeben (= ***um ... zu*** + Infinitiv).

🇫🇷 Enzo et Yasmina vont en ville pour aller au cinéma.

🇩🇪 Enzo und Yasmina fahren in die Stadt, um ins Kino zu gehen.

Folgt dem Verb eine Ergänzung, dann stehen im Französischen **pour** + **Infinitiv** vor der Ergänzung. Im Deutschen steht die Ergänzung vor dem Infinitiv mit *zu*.

3   Das unregelmäßige Verb *prendre* | *Le verbe irrégulier* prendre

prendre (nehmen)

je	prends
tu	prends
il/elle/on	prend
nous	prenons
vous	prenez
ils/elles	pren**n**ent

Apprendre (lernen) und *comprendre (verstehen)* konjugierst du genau wie *prendre*.

passé composé j'ai **pris**

Das Verb **prendre** hat unregelmäßige Pluralformen: Das **-d-** vom Verbstamm fällt weg. In der 3. Person Plural wird das **-n-** verdoppelt.

> **Verbstamm** = eine Verbform besteht aus Verbstamm und Endung (*regard-ez, sauv-ons*)

FAIS LE POINT ✔

▶ **Webcode: ATOI-2-GH**

Complète par les formes des verbes **prendre, apprendre** et **comprendre**.

1. Je (prendre) cette veste. Et toi, est-ce que tu (prendre) le foulard noir?
2. – Qu'est-ce que vous (prendre)?
   – Nous (prendre) deux salades et deux jus d'orange.
3. Il ne (prendre) pas la casquette bleue? Je ne (comprendre) pas!
4. Et les garçons? Qu'est-ce qu'ils (prendre)?
5. – Cette vendeuse, elle (prendre) son temps!
   – Non, elle (apprendre) son métier.

4   Der Demonstrativbegleiter *ce/cet/cette/ces* |
Le déterminant démonstratif ce/cet/cette/ces

DAS WEISST DU

Dieser Junge.   **Diese** Frau.   **Dieses** Haus.

Du verwendest Demonstrativbegleiter, wenn du auf bestimmte
Personen oder Gegenstände hinweisen willst.
Der Demonstrativbegleiter steht vor einem Nomen. Er wird an
dieses Nomen angeglichen.

> *Demonstrativbegleiter =*
> hinweisender Begleiter
> *(dieser, diese, dieses)*

)))))   DAS IST NEU

Je voudrais cette casquette,
s'il vous plaît.

Auch die französischen Demonstrativbegleiter gleichst du an das Nomen an.

	männlich		weiblich	
	vor Konsonant	vor Vokal	vor Konsonant	vor Vokal
Singular	**ce** pull [səpyl] dieser Pullover	**cet** imper [sɛtɛ̃pɛʀ] dieser Regenmantel	**cette** robe [sɛtʀɔb] dieses Kleid	**cette** idée [sɛtide] diese Idee
Plural	**ces** pulls [sepyl] diese Pullover	**ces** impers [sezɛ̃pɛʀ] diese Regenmäntel	**ces** robes [seʀɔb] diese Kleider	**ces** idées [sezide] diese Ideen

Cet steht vor männlichen Nomen im Singular, die mit einem Vokal oder mit stummem *h* beginnen.
Im Plural gibt es nur eine Form für männliche und weibliche Nomen: *ces*.

! Bei *cet* und *cette* hörst du keinen Unterschied.
[sɛtotɛl]   cet hôtel
[sɛtmɛzɔ̃]   cette maison

! In der Aussprache gibt es zwischen *ces* und *ses* keinen Unterschied. Ob der Possessivbegleiter *ses* oder
der Demonstrativbegleiter *ces* gemeint ist, musst du dem Textzusammenhang entnehmen.
[selivʀ]   ces livres   diese Bücher
[selivʀ]   ses livres   seine/ihre Bücher

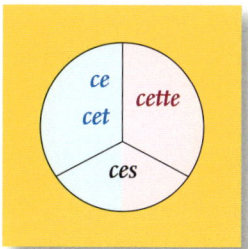

Merke dir folgende Wendungen:
ce soir – *heute Abend*,
cet après-midi – *heute Nachmittag*.

FAIS LE POINT ✓

▶ **Webcode: ATOI-2-GH**

Complète par *ce, cet, cette, ces*.

1. *Je prends* ? *livre.*
2. ? *idée est formidable!*
3. *Marie, tu prends* ? *baskets bleues?*
4. ? *soir, je vais aller au cinéma.*

5. *Tu veux acheter* ? *ordinateur? Super!*
6. *Ils vont faire de la natation* ? *après-midi.*
7. *Il aime* ? *mangas?*
8. *Non, merci.* ? *robe est trop chère!*

---

5 Die Objektpronomen *me, te, nous, vous* | *Les pronoms objets* me, te, nous, vous

> Pourquoi est-ce que vous me regardez comme ça?

Tu	**me**	montres les photos?	Zeigst du	**mir**	die Fotos?
Tu	**m'**	appelles ce soir?	Rufst du	**mich**	heute Abend an?
Adèle	**te**	regarde.	Adèle sieht	**dich**	an.
Je	**t'**	explique le problème.	Ich erkläre	**dir**	das Problem.
Victor	**nous**	invite.	Victor lädt	**uns**	ein.
Matéo	**vous**	donne son lecteur mp3.	Matéo gibt	**euch**	seinen MP3-Player.
Je	**vous**	montre le secrétariat, madame.	Ich zeige	**Ihnen**	das Sekretariat.
On	**vous**	invite, monsieur!	Wir laden	**Sie**	ein!

Im Französischen stehen die Objektpronomen **me, te, nous, vous** direkt vor dem konjugierten Verb.

Objektpronomen:

me/m' = mir/mich
te/t' = dir/dich
nous = uns
vous = euch/Ihnen/Sie

Vor Vokal und vor stummem **h** wird **me** zu **m'** und **te** zu **t'**.

Je ne vous trouve pas!

| Amélie | **ne** | **t'** | invite | **pas** ? | Amélie lädt dich nicht ein? |
| Karim | **ne** | **nous** | écoute | **pas** . | Karim hört uns nicht zu. |

Auch in verneinten Sätzen steht das Objektpronomen direkt vor dem konjugierten Verb. Die Verneinungsklammer schließt das Objektpronomen mit ein.

FAIS LE POINT ✓

▶ **Webcode: ATOI-2-GH**

Traduis.

1. *Lôc lädt euch ein.*
2. *Verstehen dich deine Eltern?*
3. *Meine Mutter erlaubt mir dieses Tattoo nicht.*
4. *Der Verkäufer bringt uns die DVD.*
5. *Ihr hört uns nicht zu.*
6. *Julien versteht dich nicht.*
7. *Mein Bruder backt mir einen Kuchen.*
8. *Ich zeige dir meine Fotos nicht.*

6 *Il faut* + Infinitiv | Il faut + *infinitif*

Il faut parler à Naïma.　　　　　　　　　**Wir müssen** mit Naïma **sprechen**.

Il faut inviter des amis pour faire une fête.　**Man muss** Freunde **einladen**, um eine Party zu machen.

Il faut ist eine feststehende Wendung, nach der das Verb im Infinitiv steht.
Il faut + **Infinitiv** übersetzt du mit *wir müssen* oder *man muss*.

Il ne faut pas manger ce gâteau.　　　　　Wir dürfen diesen Kuchen nicht essen.

Il ne faut pas ignorer le drapeau rouge!　　Man darf die rote Flagge nicht ignorieren!

Il ne faut pas baisser les bras!　　　　　　Man soll den Kopf nicht hängen lassen!

Il ne faut pas + **Infinitiv** übersetzt du mit *wir sollen/dürfen nicht* oder *man soll/darf nicht*.

FAIS LE POINT ✔　　　　　　　　　　　　▸ **Webcode: ATOI-2-GH**

Traduis.

1. *Wir müssen nach Hause gehen.*
2. *Man soll im Internetcafé nicht essen.*
3. *Wir dürfen heute Abend nicht ins Kino gehen.*
4. *Man muss Gemüse essen.*

---

7 Das unregelmäßige Verb *mettre* | *Le verbe irrégulier* mettre

mettre (setzen, stellen, legen, anziehen)

je	mets
tu	mets
il/elle/on	met
nous	mettons
vous	mettez
ils/elles	mettent

passé composé j'ai **mis**

Je mets, tu mets, il met – im Singular steht nur ein *t*!

FAIS LE POINT ✔　　　　　　　　　　　　▸ **Webcode: ATOI-2-GH**

Complète par les formes du verbe **mettre**.

1. – *Tu* ? *ton jean pour la fête de Cyril?*
   – *Non, je* ? *ma robe verte.*
2. – *Vous* ? *vos baskets noires?*
   – *Non, nous* ? *nos baskets blanches.*
3. *Madeleine* ? *son tee-shirt blanc.*
4. *Où est-ce que tu* ? ? *mes clés?*
5. ? *les livres sur la table, s'il te plaît.*

1 Die Adjektive *bon, nul, gentil* | *Les adjectifs* bon, nul, gentil

> Elle est gentille!

Nathan est gentil. Il est bon en français et nul en maths.
Mes frères sont gentils. Ils sont bons en EPS et nuls en arts plastiques.
Charlotte est gentille. Elle est bonne en anglais mais nulle en allemand.
Mes cousines sont gentilles. Elles sont bonnes en maths et nulles en EPS.

Bei den Adjektiven **bon**, **nul**, **gentil** bildest du die weibliche Form, indem du den Endkonsonanten verdoppelst und dann im Singular **-e** oder im Plural **-es** anhängst.

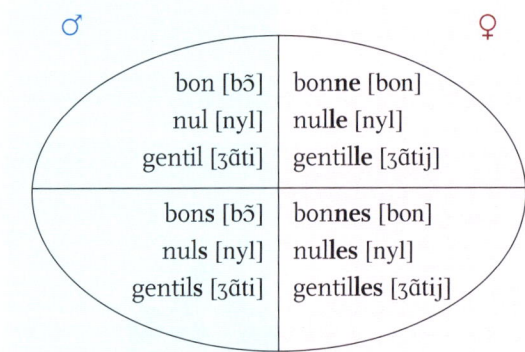

♂	♀
bon [bɔ̃]	bon**ne** [bon]
nul [nyl]	nul**le** [nyl]
gentil [ʒɑ̃ti]	gentil**le** [ʒɑ̃tij]
bons [bɔ̃]	bon**nes** [bon]
nuls [nyl]	nul**les** [nyl]
gentils [ʒɑ̃ti]	gentil**les** [ʒɑ̃tij]

! Du sprichst alle Formen von **nul** gleich aus: [nyl].
Unterscheide beim Sprechen:
bon/*bons* [bɔ̃]   *bonne*/*bonnes* [bon]
gentil/*gentils* [ʒɑ̃ti]   *gentille*/*gentilles* [ʒɑ̃tij]

FAIS LE POINT   ▸ **Webcode: ATOI-2-GH**

Complète par les formes des adjectifs **bon**, **nul** et **gentil**.

1. *Ma prof de français est très* [?] *. (gentil)*
2. *Léo et Nadia sont* [?] *en maths mais* [?] *en histoire-géo. (bon / nul)*
3. *Les amies de Mathilde sont* [?] *. (gentil)*
4. *Notre cantine est* [?] *. (nul)*
5. *Miam! Les spaghettis sont* [?] *. (bon)*

2 Das unregelmäßige Verb *connaître* | *Le verbe irrégulier* connaître

> Tu connais David?
> Il est un peu timide.

connaître (kennen)

je	connais
tu	connais
il/elle/on	connaît
nous	connaissons
vous	connaissez
ils/elles	connaissent

passé composé j'ai **connu**

> *J'ai connu* übersetzt du mit
> *ich habe kennengelernt.*

Connaître ist ein unregelmäßiges Verb. Beim Infinitiv und in der 3. Person Singular steht **-î-**.
In den drei Pluralformen schiebst du ein Doppel-**s-** vor der Endung ein.

FAIS LE POINT ▶ **Webcode: ATOI-2-GH**

Complète par les formes du verbe *connaître*.

1. *Vous* **?** *ma copine Noëmie?*
2. *Tu* **?** *Arthur? Il est super sympa!*
3. *Elle ne* **?** *pas encore tes frères?!*
4. *Ils* **?** *ton mot de passe? C'est l'horreur!*
5. *Nous ne* **?** *pas encore nos voisins.*
6. *Je* **?** *treize réseaux sociaux.*

3 Die direkten Objektpronomen *le, la, les* | *Les pronoms objets directs* le, la, les

DAS WEISST DU SCHON

Mes parents **m'**appellent.	Meine Eltern rufen **mich** an.
Camille **te** cherche.	Camille sucht **dich**.
Habib **nous** montre ses photos.	Habib zeigt **uns** seine Fotos.
Je ne **vous** invite pas à ma fête.	Ich lade **euch** nicht zu meiner Party ein.

Du kennst schon die Objektpronomen *me, te, nous, vous*. Sie stehen direkt vor dem konjugierten Verb.

	direktes Objekt		direktes Objektpronomen
Qui déteste	le hip-hop?	Laura	le déteste.
Qui explique	le problème?	Adeline	l'explique.
Qui connaît	la chanson de Jena Lee?	Jonas	la connaît.
Qui organise	la fête?	Charlotte	l'organise.
Qui aime	les séries américaines?	Abdel	les aime.

Die direkten Objektpronomen ersetzen ein direktes Objekt.
Die direkten Objektpronomen für die 3. Person Singular und Plural heißen *le*, *la*, *les*. Sie haben dieselbe Form wie der bestimmte Artikel *(le, la, les)*.
Vor Vokal und vor stummem *h* werden *le* und *la* zu *l'*.

🇫🇷 — Est-ce que Louise regarde la série? — Oui, elle la regarde .
🇩🇪 — Schaut Louise die Serie? — Ja, sie schaut sie .

Im Französischen steht das Objektpronomen vor dem konjugierten Verb.
Das ist anders als im Deutschen.

weibliches direktes Objekt	→ *la* oder *l'*
männliches direktes Objekt	→ *le* oder *l'*
direktes Objekt im Plural	→ *les*

Die direkten Objektpronomen kannst du verwenden, um Wiederholungen zu vermeiden!

— Est-ce que Sophie cherche sa casquette? — Oui, mais elle **ne** la trouve **pas**.

In verneinten Sätzen behält das Objektpronomen seinen Platz bei:
Es steht direkt vor dem konjugierten Verb.
Die Verneinungsklammer schließt das Objektpronomen mit ein.

ne
le la les
verbe
pas

FAIS LE POINT ✓ ▶ **Webcode: ATOI-2-GH**

Complète par les pronoms objets directs *le*, *la*, *l'*, *les*.

1. *Paul cherche son livre de maths et il* ? *trouve sur son étagère.*
2. *Zoé achète des baskets vertes et elle* ? *met.*
3. *Elles adorent la chanson de Soha, alors elles* ? *écoutent souvent.*
4. *Ils ont acheté un DVD à la Fnac mais ils ne* ? *regardent pas ce soir.*
5. *Je cherche ma montre mais je ne* ? *trouve pas!*
6. *Voilà Lucas et sa copine! Tu* ? *connais peut-être?*

4 Das unregelmäßige Verb *écrire* | *Le verbe irrégulier* écrire

écrire (schreiben)

j'	écris
tu	écris
il/elle/on	écrit
nous	écrivons
vous	écrivez
ils/elles	écrivent

passé composé j'ai **écrit**

Die Endungen des Verbs **écrire** sind regelmäßig: **-s, -s, -t, -ons, -ez, -ent**.
In den drei Pluralformen schiebst du ein **-v-** vor der Endung ein.

FAIS LE POINT ✔

▸ **Webcode: ATOI-2-GH**

Complète par les formes du verbe *écrire*.

1. *Sara* ? *un e-mail pour inviter ses copains.*
2. *Vous* ? *des commentaires sur Internet?*
3. *Hier, j'* ? ? *un e-mail à ma tante Aurélie.*
4. *Noah et Marion n'* ? *pas d'e-mails à leurs amis?*
5. *Tu* ? ? *un livre? C'est super!*

---

5 Die Verneinung mit *ne ... rien, ne ... jamais, ne ... personne* | *La négation avec* ne ... rien, ne ... jamais, ne ... personne

DAS WEISST DU SCHON

Elle **ne** chatte **pas**.		Sie chattet nicht.
Il **n'** a **pas** effacé les commentaires.		Er hat die Kommentare nicht gelöscht.

Die französische Verneinung besteht aus zwei Wörtern: **ne** und **pas**. Sie umschließen das konjugierte Verb. Vor einem Verb, das mit einem Vokal oder stummem **h** beginnt, wird **ne** zu **n'**.

Ils	**n'**	écrivent	**rien.**	Sie schreiben **nichts.**
David	**ne**	danse	**jamais.**	David tanzt **nie.**
Élise	**ne**	connaît	**personne** au collège.	Élise kennt **niemanden** in der Schule.

Die Verneinungen **ne ... rien**, **ne ... jamais** und **ne ... personne** verwendest du im **présent** genauso wie die Verneinung **ne ... pas**: Die Verneinungswörter umschließen das Verb.

Vor einem Verb, das mit einem Vokal oder stummem **h** beginnt, wird **ne** zu **n'**.

> **ne** + konjugiertes Verb +
> **pas**
> **rien**
> **jamais**
> **personne**

Alex	**n'**	a	**jamais**	fait de l'escalade.	Alex war nie klettern.
Paul	**ne**	va	**jamais**	écrire un e-mail.	Paul wird nie eine E-Mail schreiben.
Laure	**ne**	veut	**rien**	faire.	Laure will nichts machen.
Il	**ne**	faut	**rien**	écrire sur ses copains.	Man soll nichts über seine Freunde schreiben.

Die Verneinungswörter **ne ... rien** und **ne ... jamais** umschließen die konjugierte Verbform auch
— in den zusammengesetzten Zeiten (*passé composé, futur composé*),
— in Sätzen mit einem Modalverb *(pouvoir, vouloir)*,
— in Sätzen mit *il faut*.

> **ne** + konjugiertes Verb +
> **rien**
> **jamais**
> + Partizip/Infinitiv

| Tu **n'** as invité **personne?** | Du hast niemanden eingeladen? |
| Je **ne** vais appeller **personne.** | Ich werde niemanden anrufen. |

❗ Bei der Verneinung *ne ... personne* steht das Verneinungswort *personne* **hinter** dem Partizip bzw. dem Infinitiv.

> *ne* + konjugiertes Verb + Partizip/Infinitiv + *personne*

FAIS LE POINT ✔

▸ **Webcode: ATOI-2-GH**

1. Traduis.

a. *Thomas findet nichts in seinem Zimmer.*
b. *Ich stelle nie Fotos in meinen Blog.*
c. *Ihr surft nie im Internet?*
d. *Meine Katze mag niemanden.*

2. Mets les mots dans l'ordre.

a. *rien / n' / compris / Je / ai / !*
b. *mangé / Tu / rien / as / n' / aujourd'hui / ?*
c. *n' / jamais / travaillé / a / Elle / .*
d. *va / Ma copine / personne / inviter / ne / .*

---

6 Der verneinte Imperativ | *L'impératif négatif*

Ne rentrez **pas** après 22 heures.	Kommt nicht nach 22 Uhr nach Hause.
N'apporte **rien.**	Bringe nichts mit.
Ne pirate **jamais** un profil.	Hacke nie(mals) ein Profil.
N'invitez **personne.**	Ladet niemanden ein.

Mit dem verneinten Imperativ forderst du jemanden dazu auf, etwas nicht zu tun.
Die Verneinungswörter *ne ... pas*, *ne ... rien*, *ne ... jamais*, *ne ... personne* umschließen die Imperativform des Verbs.

> *ne* + Imperativ + *pas/rien/jamais/personne*

FAIS LE POINT ✔

▸ **Webcode: ATOI-2-GH**

Traduis.

1. *Rufe niemanden nach 22 Uhr an.*
2. *Gebt nie euer Passwort weiter.*
3. *Esst nicht zu viele Bananen.*
4. *Schreibt nichts über euch.*

1   Die Verben auf *-dre* | *Les verbes en* -dre

attendre (warten)

j'	attends
tu	attends
il/elle/on	attend
nous	attendons
vous	attendez
ils/elles	attendent

Entendre (hören), **perdre** *(verlieren)*, **répondre** *(antworten)* und **vendre** *(verkaufen)* konjugierst du genau wie **attendre**.

passé composé   j'ai **attendu**

Die Verben auf **-dre** haben in den Singularformen die Endungen **-s**, **-s**, **-d**. Im Plural haben sie dieselben Endungen wie die Verben auf **-er**.

2   Die Verben auf *-ir* (Typ *sortir*) | *Les verbes en* -ir (sortir)

sortir (ausgehen)

je	sors
tu	sors
il/elle/on	sort
nous	sortons
vous	sortez
ils/elles	sortent

Partir (fahren, wegfahren) und **dormir** *(schlafen)* konjugierst du genau wie **sortir**.

passé composé   je suis **sorti/e**

Die Verben auf **-ir** haben in den Singularformen die Endungen **-s**, **-s**, **-t**. Im Plural haben sie dieselben Endungen wie die Verben auf **-er**.

FAIS LE POINT   ▶ **Webcode: ATOI-2-GH**

Complète par les formes des verbes **attendre**, **entendre**, **perdre**, **répondre** et **sortir**, **dormir**.

1. *Vous m' ? devant le cinéma? Super!*
2. *– Qu'est-ce que vous faites ce soir?*
   – On ? .
3. *Les voisins ? la musique!*
4. *Tu ne ? pas encore? Il est déjà minuit!*
5. *Le dimanche, mes parents ? toujours jusqu'à 10 heures.*
6. *Le week-end, je ? souvent avec mes copines.*
7. *Pourquoi est-ce que tu ne ? pas? Tu ne m' ? pas?*
8. *Je ? toujours mes clés.*

3 Der Fragebegleiter *quel* | *Le pronom interrogatif* quel

DAS WEISST DU

Welcher Freund?   **Welche** Musik?   **Welches** Buch?

Du verwendest Fragebegleiter, wenn du nach bestimmten Personen oder Sachen fragst.
Der Fragebegleiter steht vor dem Nomen. Er wird an das Nomen angeglichen.

))))) **DAS IST NEU**

> Quel DVD est-ce que tu préfères?

	männlich		weiblich	
	vor Konsonant	vor Vokal	vor Konsonant	vor Vokal
Singular	**Quel** plat? [kɛlpla] Welches Gericht?	**Quel** ami? [kɛlami] Welcher Freund?	**Quelle** fête? [kɛlfɛt] Welche Party?	**Quelle** amie? [kɛlami] Welche Freundin?
Plural	**Quels** plats? [kɛlpla] Welche Gerichte?	**Quels** amis? [kɛlzami] Welche Freunde?	**Quelles** fêtes? [kɛlfɛt] Welche Partys?	**Quelles** amies? [kɛlzami] Welche Freundinnen?

Auch die französischen Fragebegleiter gleichst du an das Nomen an.

Alle vier Formen *(quel, quels, quelle, quelles)* sprichst du vor Konsonanten gleich aus: [kɛl].
❗ Vor einem Vokal bindest du das *-s* von *quels* und *quelles* beim Aussprechen als [z]:

Quels amis?   [kɛlzami]
Quelles amies?   [kɛlzami]

Wie viel Uhr ist es? / Wie spät ist es?

Um wie viel Uhr gehst du nach Hause?

Wie alt sind sie?

Was für ein Idiot!

! *Quel* wird nicht immer mit *welcher, welche, welches* übersetzt.

FAIS LE POINT ✔

▶ **Webcode: ATOI-2-GH**

Complète par *quel, quelle, quels, quelles*.

1. **?** *chanson est-ce que vous écoutez?*
2. **?** *boissons est-ce que vous apportez?*
3. **?** *voisin est-ce que tu ne connais pas?*
4. **?** *amis est-ce que nous invitons?*
5. **?** *casquette est-ce que tu mets?*
6. **?** *groupe de musique est-ce que tu aimes?*

---

4 Der Teilungsartikel | *L'article partitif*

DAS WEISST DU SCHON

Dans le frigo, il y a	**un kilo de**	pommes,	… ein Kilo Äpfel
	un litre de	lait,	… ein Liter Milch
	une bouteille d'	eau minérale,	… eine Flasche Mineralwasser
	un peu de	fromage,	… ein bisschen Käse
	beaucoup de	chocolat.	… viel Schokolade

Nach Mengenangaben steht im Französischen immer *de*. Dann folgt das Nomen ohne Artikel.

Elle achète **du** sucre,   Sie kauft ▪ Zucker,

             de la farine,   ▪ Mehl,

             de l' huile,   ▪ Öl,

             des œufs.   ▪ Eier.

Bei unbestimmten Mengen verwendest du im Französischen den Teilungsartikel.
Der Teilungsartikel hat die gleiche Form wie der zusammengezogene Artikel mit *de*: *du, de la, de l', des*.

❗ Im Deutschen gibt es keinen Teilungsartikel:

🇫🇷   Pour aller à Paris, il faut **de l'**argent.
🇩🇪   Um nach Paris zu fahren, braucht man ▪ Geld.

Teilungsartikel   **Mengenangabe**

– Est-ce qu'il y a **du** jus d'orange?

– Oui, il y a **une bouteille de** jus d'orange dans le frigo.

– Il faut **de la** farine pour le gâteau!

– Oui, j'ai acheté **un kilo de** farine.

– Tu as **de l'**argent?

– Oui, j'ai **un peu d'**argent.

Teilungsartikel:	**Mengenangabe:**
du	
de la	
de l'	nur *de*
des	

5   *Il faut* + Nomen | Il faut + *nom*

DAS WEISST DU SCHON

Il faut faire ses devoirs.   Man muss seine Hausaufgaben machen.
Il faut acheter des bananes.   Wir müssen Bananen kaufen.

Il faut ist eine feststehende Wendung, nach der das Verb im Infinitiv steht.
Il faut + Infinitiv übersetzt man mit *man muss* oder mit *wir müssen*.

))))) DAS IST NEU

Pour aller à Paris, **il faut** une voiture.   Um nach Paris zu fahren, braucht man / brauchen wir ein Auto.
Pour faire une quiche, **il faut** de la farine.   Um eine Quiche zu machen, braucht man / brauchen wir Mehl.

Wenn nach **il faut** ein Nomen steht, übersetzt du **il faut** mit *brauchen* oder *benötigen*.

> **il faut** + Verb   = *man muss / wir müssen*
> **il faut** + Nomen = *man braucht / wir brauchen*

6 Das unregelmäßige Verb *devoir* | *Le verbe irrégulier* devoir

devoir (müssen)

je	**dois**
tu	**dois**
il/elle/on	**doit**
nous	devons
vous	devez
ils/elles	**doivent**

passé composé j'ai **dû**

Devoir heißt *müssen*,
dû heißt *gemusst*.
Ganz klar: mit Dach!
Hast du's gewusst?

Das Verb **devoir** hat nur bei **nous** und **vous** regelmäßige Formen. Die anderen Formen sind unregelmäßig.

Tu dois rajouter
du sucre.

Devoir ist ein Modalverb, auf das ein Infinitiv folgt. Du kennst schon die Modalverben **pouvoir** und **vouloir**.

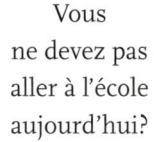

Vous
ne devez pas
aller à l'école
aujourd'hui?

Vous ne
devez pas
quitter
le lit!

Müsst ihr heute **nicht** in die Schule gehen?   Ihr **dürft** das Bett **nicht** verlassen!

Im verneinten Satz umschließt die Verneinungsklammer **ne … pas** die konjugierte Form von **devoir**.

❗ *Devoir* bedeutet im verneinten Satz entweder *nicht müssen* oder *nicht dürfen*.

FAIS LE POINT ✔   ▶ **Webcode: ATOI-2-GH**

1. Mets les mots dans l'ordre.

   a. *faire les courses / Nous / devons /.*
   b. *Vous / ne / pas / des cadeaux / apporter / devez /.*

2. Traduis.

   a. *Ihr dürft nicht ins Polygone gehen?*
   b. *Léa muss für ihre Großmutter einkaufen.*
   c. *Wir müssen Lieder für die Party downloaden.*

1 Der Begleiter *tout* | *Le déterminant* tout

DAS WEISST DU SCHON

le livre	**la** classe	**les** chiens
un livre	**une** classe	**des** chiens
mon livre	**ma** classe	**mes** chiens
ce livre	**cette** classe	**ces** chiens

Die Begleiter des Nomens gleichst du in Geschlecht und Zahl an das Nomen an.

)))) DAS IST NEU

Il a mangé tout le gâteau!

	männlich		weiblich	
Singular	**tout le** livre [tuləlivʀ] das ganze Buch	**tout l'**argent [tutaʀʒɔ̃] das ganze Geld	**toute la** classe [tutlaklas] die ganze Klasse	**toute l'**année [tutlane] das ganze Jahr
Plural	**tous les** livres [tulelivʀ] alle Bücher	**tous les_**amis [tulezami] alle Freunde	**toutes les** classes [tutleklas] alle Klassen	**toutes les_**amies [tutlezami] alle Freundinnen

Die Begleiter *tout* und *tous* sprichst du gleich aus: [tu].
Toute und *toutes* auch: [tut].

Der Begleiter *tout* richtet sich nach dem Nomen, vor dem er steht.
Die Singularformen *tout le* / *toute la* übersetzt du mit *der/die/das ganze*.
Die Pluralformen *tous les* / *toutes les* übersetzt du mit *alle*.

tout <u>le</u> groupe	<u>die</u> **ganze** Gruppe
toute <u>sa</u> vie	<u>sein</u> **ganzes** Leben
tous <u>mes</u> copains	**alle** <u>meine</u> Freunde
toutes <u>ces</u> photos	**alle** <u>diese</u> Fotos

Nach **tout** steht meistens ein weiterer Begleiter, z. B. ein Artikel, ein Possessivbegleiter oder ein Demonstrativbegleiter.

 **toute** la famille
die ganze Familie

❗ Im Singular ist die Reihenfolge der Begleiter im Französischen anders als im Deutschen.

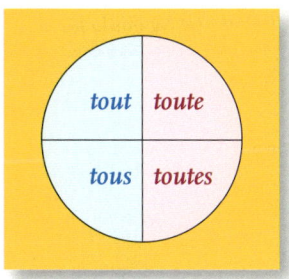

tous les jours	jeden Tag
tous les soirs	jeden Abend

❗ Nicht immer wird **tous les** mit *alle* übersetzt.

 tout le monde
jeder, alle

 le monde
die Welt

❗ *Tout le monde* bedeutet *jeder* oder *alle*.

FAIS LE POINT ▶ **Webcode: ATOI-2-GH**

1. Complète par **tout le / toute la / tous les / toutes les**.

a. *Elle a invité* ? *filles de sa classe.*
b. ? *classe écrit une lettre à Louise.*
c. *Tu as perdu* ? *argent?*
d. *Monsieur Dufour appelle* ? *parents.*
e. ? *équipe est contente.*
f. *Ils ont mangé* ? *bonbons!*

2. Traduis.

a. *Verbringst du das ganze Wochenende in Paris?*
b. *Zu Weihnachten fahren wir mit der ganzen Familie zu meinem Onkel.*
c. *Alle kennen diesen Schauspieler.*
d. *Ich chatte jeden Abend mit meiner Großmutter.*

2 Die indirekten Objektpronomen *lui* und *leur* | *Les pronoms objets indirects* lui *et* leur

DAS WEISST DU SCHON

– Est-ce que Selma aime **le cinéma**?
  Mag Selma Kino?

– Oui, elle **l'**aime.
  Ja, sie mag **es**.

– Est-ce que Yann regarde **cette série**?
  Schaut Yann diese Serie?

– Oui, il **la** regarde.
  Ja, er schaut **sie**.

– Qui adore **les séries américaines**?
  Wer liebt amerikanische Serien?

– Abdel **les** adore.
  Abdel liebt **sie**.

Die Objektpronomen *le*, *la*, *les* ersetzen ein direktes Objekt.

> *direktes Objekt* = Objekt, das direkt hinter dem Verb steht. *(Je regarde la télé.)*

)))))) DAS IST NEU

		indirektes Objekt	indirektes Objektpronomen
Qui	répond	**à son copain**?	Khaled **lui** répond.

Wer antwortet seinem Freund? — Khaled antwortet ihm.

La fille parle **à sa mère**. — Elle **lui** parle.

Das Mädchen spricht mit seiner Mutter. — Sie spricht mit ihr.

La prof dit bonjour **à ses élèves**. — Elle **leur** dit bonjour.

Die Lehrerin sagt ihren Schülern Guten Tag. — Sie sagt ihnen Guten Tag.

Qui explique sa vie **aux fans**? — Mimie Mathy **leur** explique sa vie.

Wer erklärt den Fans sein Leben? — Mimie Mathy erklärt ihnen ihr Leben.

Die indirekten Objektpronomen **lui** und **leur** ersetzen indirekte Objekte.

> *indirektes Objekt* = Objekt, das mit der Präposition *à* an das Verb angeschlossen wird. *(Il parle à Zoé.)*

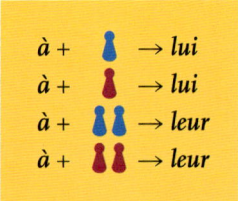

$à +$ → *lui*
$à +$ → *lui*
$à +$ → *leur*
$à +$ → *leur*

> *Lui* und *leur* steh'n für Objekte, aber nur für indirekte.

Ce sont **leurs** chiens.　　　　Ils **leur** donnent de l'eau.

! Verwechsle nicht *leur/leurs* (Possessivbegleiter) mit *leur* (indirektes Objektpronomen):
Das indirekte Objektpronomen *leur* hat nie ein **-s** und steht vor dem Verb.

> Il ne nous parle pas
> aujourd'hui.

Subjekt		indirektes Objektpronomen	konjugiertes Verb	Ergänzung	
Il		m'	apporte	le lecteur mp3.	Er bringt **mir** den MP3-Player mit.
Je		te	présente	ma copine.	Ich stelle **dir** meine Freundin vor.
Tu	ne	lui	parles pas?		Sprichst du nicht mit **ihm/ihr**?
Elle	ne	nous	explique pas	le problème.	Sie erklärt **uns** das Problem nicht.
Ils		vous	ont montré	le Polygone?	Haben sie **euch** das Polygone gezeigt?
Elles	ne	leur	ont pas répondu.		Sie haben **ihnen** nicht geantwortet.

Im *présent* und im *passé composé* stehen die indirekten Objektpronomen **vor** dem konjugierten Verb.
Die Verneinungsklammer umschließt das Objektpronomen und das konjugierte Verb.

FAIS LE POINT ✔　　　　　　　　　　　▶ **Webcode: ATOI-2-GH**

1. Réponds aux questions. Utilise *lui* ou *leur*.

a. *Quand est-ce que Selma parle à son prof?* → *Elle* *parle à 11 heures.*
b. *Qu'est-ce qu'Eva montre à ses copains?* → *Elle* ? *montre ses photos.*
c. *Combien d'e-mails Grégoire écrit à sa cousine?* → *Il* ? *écrit 22 e-mails!*
d. *Quelles questions est-ce que le prof pose aux élèves?* → *Il* ? *pose des questions sur leurs stars préférées.*

2. Retrouve l'ordre des mots. Traduis.

a. *Noah / pas / parle / ne / leur / .*
b. *Je / écris / vous / un e-mail / .*
c. *Jade / beaucoup de questions / a / posé / leur / .*
d. *Il / le portable / apporté / ne / m' / a / pas / !*

3 Das unregelmäßige Verb *dire* | *Le verbe irrégulier* dire

dire (sagen)

je	dis
tu	dis
il/elle/on	dit
nous	disons
vous	**dites**
ils/elles	disent

passé composé j'ai **dit**

Die Endungen des Verbs *dire* sind bis auf die 2. Person Plural regelmäßig.

In der 1. und 3. Person Plural schiebst du ein **-s-** zwischen Verbstamm und Endung.

❗ Die 2. Person Plural heißt *vous* **dites** *(ihr sagt).*

Das kennst du schon *vous* **êtes** *(ihr seid)* und *vous* **faites** *(ihr macht).*

FAIS LE POINT ✔

▶ **Webcode: ATOI-2-GH**

Complète par les formes du verbe *dire*.

1. *Qu'est-ce que tu* ? *? Je ne comprends pas.*
2. *Tu rentres à 23 heures? Et tes parents?*
   Ils ne ? *rien?*
3. *Vous ne* ? *pas bonjour à votre professeur?*
4. *D'accord. Je ne le* ? *à personne!*
5. *Paul* ? ? *oui! C'est super!*

---

4 Die indirekte Rede | *Le discours indirect*

direkte Rede	indirekte Rede
Lucas: «Les vagues sont super.»	→ Il **dit que** les vagues sont super.
Marie: «Adrien est gentil.»	→ Elle **trouve qu'**Adrien est gentil.
Lôc et Matéo: «Karabatic est super.»	→ Ils **pensent que** Karabatic est super.

Wenn du wiedergibst, was eine andere Person gesagt hat, verwendest du meist die indirekte Rede.

Im Französischen leitest du die indirekte Rede immer mit der Konjunktion *que (dass)* ein.

indirekte Rede: *il/elle/on* **dit que**

5 Das unregelmäßige Verb *voir* | *Le verbe irrégulier* voir

voir (sehen)

je	vois
tu	vois
il/elle/on	voit
nous	voyons
vous	voyez
ils/elles	voient

Tu as vu son chien?

passé composé j'ai **vu**

Die Endungen des Verbs **voir** sind regelmäßig: **-s, -s, -t, -ons, -ez, -ent**.
In der 1. und 2. Person Plural steht ein **-y-** anstelle des **-i-**.

6 Das unregelmäßige Verb *lire* | *Le verbe irrégulier* lire

lire (lesen)

je	lis
tu	lis
il/elle/on	lit
nous	lisons
vous	lisez
ils/elles	lisent

passé composé j'ai **lu**

Die Endungen des Verbs **lire** sind regelmäßig: **-s, -s, -t, -ons, -ez, -ent**.
In den Pluralformen schiebst du ein **-s-** vor der Endung ein.

FAIS LE POINT ✔

▶ Webcode: ATOI-2-GH

1. Complète par les formes du verbe *voir*.

a. *Tu* **?** *le taureau là-bas?*
b. *Vous* **?** *ces médailles?*
c. *Grégoire n'* **?** *pas* **?** *le drapeau rouge.*
d. *Je ne te* **?** *pas. Tu es où?*
e. *Tu* **?** **?** *le film au cinéma?*
f. *Sans ses lunettes, elle ne* **?** *rien.*

2. Complète par les formes du verbe *lire*.

a. *Attends, ne rajoute pas le sucre. Je* **?** *d'abord la recette.*
b. *– Qu'est-ce que vous* **?** *? – Nous* **?** *«Le Monde des ados».*
c. *Tu* **?** *un livre sur le Tour de France?*
d. *Pourquoi est-ce que tes parents ne* **?** *jamais leurs e-mails?*
e. *Elle* **?** *dans tes yeux.*

7 Das Verb *jouer à / jouer de* | *Le verbe* jouer à / jouer de

Charlotte joue **au** rugby.

Charlotte spielt ■ Rugby.

Jérémy et Marc jouent **aux** jeux vidéo.

Jérémy und Marc spielen ■ Computerspiele.

Alice joue **de la** guitare. Maxime joue **du** piano. Yann joue **de** l'accordéon.

Alice spielt ■ Gitarre. Maxime spielt ■ Klavier. Yann spielt ■ Akkordeon.

Nach dem Verb *jouer* können die Präpositionen *à* oder *de* stehen.
Wenn du sagen möchtest, dass jemand ein Spiel spielt oder Sport treibt, verwendest du *jouer à*.
Wenn du davon sprichst, dass jemand ein Instrument spielt, verwendest du *jouer de*.

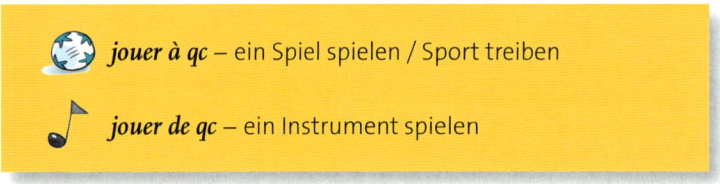

🌐 *jouer à qc* – ein Spiel spielen / Sport treiben

🎵 *jouer de qc* – ein Instrument spielen

FAIS LE POINT ✔ ▸ **Webcode: ATOI-2-GH**

Qu'est-ce qu'ils jouent? Utilise *jouer à* ou *jouer de*.

1. *Yannick* –

2. *Matéo et Lôc* –

3. *Alex* –

4. *Selma et Claire* –

5. *Charlotte* –

6. *Julien* –

7. *Nasrine* –

8. *Jérémy et Lola* –

Bonnes vacances!

1 Die Verben auf *-ir* (Typ *ouvrir*) | *Les verbes en* -ir (ouvrir)

> Ouvrez
> la porte!

ouvrir (öffnen)

j'	ouvre
tu	ouvres
il/elle/on	ouvre
nous	ouvrons
vous	ouvrez
ils/elles	ouvrent

> *Découvrir (entdecken)* und
> *offrir (schenken)* konjugierst
> du genau wie *ouvrir*.

passé composé j'ai **ouvert**

Das Verb **ouvrir** konjugierst du wie ein Verb auf **-er**.

! Das Partizip Perfekt endet auf **-ert**.

FAIS LE POINT ✔   ▶ **Webcode: ATOI-2-GH**

Complète par les formes des verbes *ouvrir*, *offrir* et *découvrir*.

1. *Madame Lafarine* ? *sa boulangerie à 7 heures.*
2. *Pourquoi est-ce que vous n'* ? *pas vos cadeaux?*
3. *Chez Tonio, ils* ? *des menus à 10 euros.*
4. *Le week-end, nous* ? *notre région.*
5. *Tu m'* ? *cette casquette? Elle n'est pas chère!*
6. *Léo* ? ? *tous ses cadeaux.*

---

2 Die Verneinung mit *ne ... plus* | *La négation avec* ne ... plus

DAS WEISST DU SCHON

Manu	**ne**	mange	**pas**		à la cantine.
Ils	**n'**	ont	**rien**	acheté	au supermarché.
Je	**n'**	écoute	**jamais**		le hip-hop.
Tu	**n'**	invites	**personne?**		

Manu isst **nicht** in der Kantine.
Sie haben **nichts** im Supermarkt gekauft.
Ich höre **nie** Hip Hop.
Lädst du **niemanden** ein?

Die Verneinungswörter **ne ... pas**, **ne ... rien**, **ne ... jamais**, **ne ... personne** umschließen
das konjugierte Verb.

Il ne chante plus.

Je	**ne**	joue	**plus**	du piano.	Ich spiele nicht mehr Klavier.
On	**n'**	est	**plus**	à la plage.	Wir sind nicht mehr am Strand.
Ils	**n'**	ont	**plus**	travaillé.	Sie haben nicht mehr gearbeitet.
Luc	**ne**	va	**plus**	manger à la cantine.	Luc wird nicht mehr in der Kantine essen.
Élise	**ne**	veut	**plus**	aller au cinéma.	Élise will nicht mehr ins Kino gehen.

Die Verneinung *ne ... plus* verwendest du wie die Verneinung *ne ... pas*.
Ne steht vor dem konjugierten Verb und *plus* danach.
Das gilt auch für das *passé composé* und das *futur composé*.

Je ne peux plus.

Il n'y a plus de croissants?

Ich kann nicht mehr.　　　　　　　　　Gibt es keine Croissants mehr?

❗ Unterscheide *ne ... plus* und *ne ... plus de* + Nomen.
Ne ... plus de ist eine Mengenangabe. Sie sagt aus, dass von einer Sache nichts mehr da ist.
Du übersetzt *ne ... plus de* mit *kein/e ... mehr*.

FAIS LE POINT ✔

▸ **Webcode: ATOI-2-GH**

Lucie n'habite plus à Berlin. Maintenant, elle habite à Montpellier.
Raconte. Utilise *ne ... plus*.

1. *habiter à Berlin / à Montpellier*
   → *Lucie n'habite plus à Berlin. Maintenant, elle habite à Montpellier.*
2. *aller à l'école «Regenbogen» / au collège «Camille Claudel»*
3. *manger à la maison à midi / à la cantine*
4. *rentrer à 13 heures / à 16 heures*
5. *faire du shopping avec Leonie / avec Claire*
6. *être fan de Hertha BSC / de l'Olympique de Marseille*
7. *faire du tennis / de la planche à voile*
8. *passer ses week-ends en ville / à la plage*

3 Die indirekte Frage | *La question indirecte*

DAS WEISST DU SCHON

Sophie: «Le camping à Ganges est super!» → Elle **dit que** le camping à Ganges est super.

Wenn du wiedergibst, was eine andere Person gesagt hat, verwendest du die indirekte Rede.

)))) DAS IST NEU

Qu'est-ce qu'il demande?

Il demande s'il y a de l'eau pour Loulou.

direkte Frage	indirekte Frage
Lucie: «Mona va à Paris?»	→ Elle **demande si** Mona va à Paris.
Lucie: „Fährt Mona nach Paris?"	→ Sie **fragt, ob** Mona nach Paris fährt.
Théo: «Est-ce que le cybercafé est ouvert?»	→ Théo **demande si** le cybercafé est ouvert.
Théo: „Ist das Internetcafé offen?"	Théo **fragt, ob** das Internetcafé offen ist.

Wenn du wiedergibst, was eine andere Person gefragt hat, verwendest du die indirekte Frage. Du leitest die indirekte Frage mit *demander si* ein. Dann folgt ein Aussagesatz.

! *Est-ce que* wird in der indirekten Frage nie verwendet.

> indirekte Frage: ***demander si*** + Aussagesatz

Lola: «Il est déjà là?» → Elle **demande s'**il est déjà là.

Wenn der Aussagesatz mit *il* oder *ils* beginnt, wird *si* zu *s'*.

s'il	si + elle = si elle
s'ils aber:	si + elles = si elles
	si + on = si on

FAIS LE POINT ✓

▶ Webcode: ATOI-2-GH

Qu'est-ce qu'ils demandent? Utilise *il/elle demande si, ils/elles demandent si.*

1. Lucas: «Est-ce que Laure est chez son copain?»
2. Sophia et Aurélia: «Est-ce que le Polygone est encore ouvert?»
3. Miriam: «Ce sont les chaussures de Zoé?»
4. Les parents: «La piscine ouvre à 9 heures?»

1 Der Imperativ mit Objektpronomen | *L'impératif avec un pronom objet*

Appelle-la.

Ne l'appelle pas.

	bejahter Imperativ	verneinter Imperativ
J'arrive.	Attendez-**moi**.	Ne **m**'attendez pas.
Le prof te regarde.	Retourne-**toi**.	Ne **te** retourne pas.
L'exposé?	Oubliez-**le**.	Ne l'oubliez pas.
C'est ta chambre!	Alors, range-**la**.	Ne **la** range pas.
On va chavirer.	Aidez-**nous**.	Ne **nous** aidez pas.
Faites attention.	Retournez-**vous**.	Ne **vous** retournez pas.
Les lunettes sont super!	Essaye-**les**.	Ne **les** essaye pas.

Im bejahten Aufforderungssatz steht das Pronomen hinter dem Imperativ. Es wird mit einem Bindestrich angeschlossen.

Im verneinten Aufforderungssatz steht das Pronomen vor dem Verb. Das ist wie im Aussagesatz.

! Im bejahten Aufforderungssatz werden statt der Pronomen *me* und *te* die unverbundenen Personalpronomen *moi* und *toi* verwendet.

bejahter Aufforderungssatz	=	**Imperativ** + Bindestrich + **Pronomen**	
verneinter Aufforderungssatz	= *ne* + **Pronomen** + **Imperativ**		+ *pas*

1 **Die reflexiven Verben im Präsens** | *Les verbes pronominaux au présent*

Ils s'amusent bien?

se disputer (sich streiten)

je	**me** dispute
tu	**te** disputes
il/elle/on	**se** dispute
nous	**nous** disputons
vous	**vous** disputez
ils/elles	**se** disputent

s'amuser (sich amüsieren)

je	**m'**amuse
tu	**t'**amuses
il/elle/on	**s'**amuse
nous	**nous** amusons
vous	**vous** amusez
ils/elles	**s'**amusent

🇫🇷 Je **m'**amuse.   Im Französischen stehen die Reflexivpronomen vor dem Verb.
🇩🇪 Ich amüsiere **mich**.   Im Deutschen steht das Reflexivpronomen hinter dem Verb.

Vor Verben, die mit Vokal beginnen, werden die Reflexivpronomen *me*, *te*, *se* zu *m'*, *t'*, *s'*.

Reflexivpronomen = *me/m', te/t', se/s', nous, vous, se/s'*

| Je | ne | me dispute | pas | avec toi. | Ich streite mich nicht mit dir. |
| Nous | ne | nous baignons | jamais | dans la mer. | Wir baden nie im Meer. |

Im verneinten Satz umschließen die Verneinungswörter das Reflexivpronomen und das Verb.

s'appeler – heißen
se baigner – baden
se balader – spazieren gehen
se lever – aufstehen
se coucher – schlafen gehen

❗ Einem französischen reflexiven Verb entspricht nicht immer ein deutsches reflexives Verb.

1 Das unregelmäßige Verb *venir* | *Le verbe irrégulier* venir

venir (kommen)

je	**viens**
tu	**viens**
il/elle/on	**vient**
nous	**venons**
vous	**venez**
ils/elles	**viennent**

passé composé je suis **venu**/**e**

2 Artikel und Präpositionen bei Ländernamen | *Articles et prépositions avec les noms de pays*

weiblich	männlich	Plural
la France Frankreich	**le** Canada Kanada	**les** États-Unis *m. pl.* die USA
l'Allemagne Deutschland	**le** Liban der Libanon	**les** Bahamas *f. pl.* die Bahamas
la Turquie die Türkei	**le** Maroc Marokko	
la Chine China	**le** Québec Québec	

Fast alle Ländernamen, die auf **-e** enden, sind weiblich.

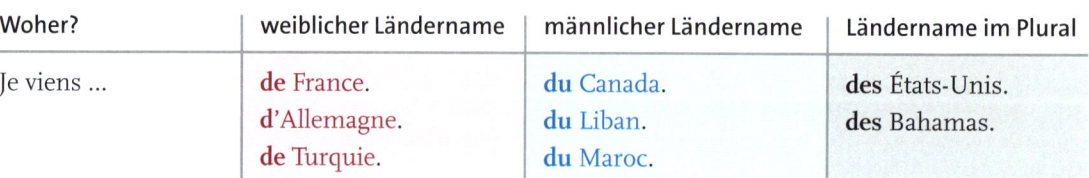

Je viens des États-Unis. Maintenant, je suis au Canada. Et demain, je vais aller en Turquie.

Woher?	weiblicher Ländername	männlicher Ländername	Ländername im Plural
Je viens ...	**de** France.	**du** Canada.	**des** États-Unis.
	d'Allemagne.	**du** Liban.	**des** Bahamas.
	de Turquie.	**du** Maroc.	

Wo?/Wohin?	weiblicher Ländername	männlicher Ländername	Ländername im Plural
Je suis ... / J'habite ...	**en** Allemagne.	**au** Canada.	**aux** États-Unis.
Je suis né/e...	**en** France.	**au** Liban.	**aux** Bahamas.
C'est ...	**en** Turquie.	**au** Maroc.	
Je vais ...	**en** Pologne.		

	weiblich	männlich	Plural
aus/von	*de/d'*	*du*	*des*
in/nach	*en*	*au*	*aux*

1 Die Indefinitbegleiter | *Les déterminants indéfinis*

Chaque week-end, je vais au cinéma.	**Jedes** Wochenende gehe ich ins Kino.
Quelques élèves ne sont pas d'accord.	**Einige** Schüler sind nicht einverstanden.
Il a posé **plusieurs** questions.	Er hat **mehrere** Fragen gestellt.
Certaines questions ont été nulles.	**Bestimmte** Fragen waren blöd.

Der Begleiter *chaque* steht immer vor einem Nomen im Singular und ist unveränderlich.
Die Begleiter *quelques* und *plusieurs* stehen immer im Plural und sind unveränderlich.
Certain(e)s steht vor Nomen im Plural und ist veränderlich.

Elle a encore **un autre** problème.	Sie hat noch **ein anderes** Problem.
Les autres filles ne me comprennent pas.	**Die anderen** Mädchen verstehen mich nicht.
J'ai vu Théo avec **cette autre** fille.	Ich habe Théo mit **diesem anderen** Mädchen gesehen.

Der Indefinitbegleiter *autre* wird dem Nomen nur in der Zahl angeglichen: *autre/autres*. Wie im
Deutschen steht vor *autre* meistens noch ein anderer Begleiter: ein unbestimmter oder bestimmter
Artikel, ein Possessivbegleiter oder ein Demonstrativbegleiter.

Die Indefinitbegleiter *autre*, *chaque*, *quelques*, *plusieurs*, *certains* stehen immer **vor** dem Nomen.

2 Die Stellung der Objektpronomen vor dem Infinitiv | *La place du pronom objet devant l'infinitif*

Tu vas l'appeler?

Subjekt	konjugiertes Verb		Objektpronomen	Infinitiv
Tu		vas	**m'**	écouter?
On		va	**t'**	adorer!
Elle		veut	**le/la**	chercher.
Tu	ne	peux	pas	**nous**	inviter?
Il		faut	**vous**	aider!
Il	ne	faut	pas	**les**	appeler.

Die Verneinungsklammer umschließt das konjugierte Verb.

Das Objektpronomen steht vor dem Infinitiv
– im *futur composé*,
– in Sätzen mit einem Modalverb (z. B. *pouvoir*, *vouloir*),
– in Sätzen mit *il faut* + Infinitiv.

3 Die Stellung des Adjektivs | *La place de l'adjectif*

Au centre, il y a des **petites** <u>rues</u>,	Ce sont des <u>rues</u> **grises**,
une **grande** <u>place</u>,	une <u>place</u> **horrible**,
des **jolis** <u>cafés</u>,	des <u>cafés</u> **sympa**,
et une **bonne** <u>boulangerie</u>.	et une <u>boulangerie</u> **moche**.

Im Deutschen stehen Adjektive **vor** dem Nomen: *eine schöne Stadt*. Im Französischen stehen die meisten Adjektive **hinter** dem Nomen. Nur eine kleine Gruppe von Adjektiven steht **vor** dem Nomen. Von dieser Gruppe kennst du schon: ***bon/bonne, grand/e, petit/e, joli/e, autre.***

J'habite près de la **grande** <u>piscine</u> **blanche**.
Au centre, il y a un **joli**, **petit** <u>café</u> **sympa**.

! Bei einem Nomen können auch mehrere Adjektive stehen: vor- und nachgestellte.

Am besten lernst du die vorangestellten Adjektive auswendig. Alle anderen stellst du hinter das Nomen.

Annexe

Die Verben | *Les verbes*

Hier findest du die Konjugationen der Verben aus *À toi!*.

1 Die Hilfsverben *avoir* und *être* | *Les verbes auxiliaires* avoir *et* être

infinitif		**avoir** (haben)		**être** (sein)
présent	j'	ai	je	suis
	tu	as	tu	es
	il/elle/on	a	il/elle/on	est
	nous	avons	nous	sommes
	vous	avez	vous	êtes
	ils/elles	ont	ils/elles	sont
passé composé		j'ai eu		j'ai été (ich **bin** gewesen)

2 Die regelmäßigen Verben auf *-er* | *Les verbes réguliers en* -er

infinitif		**rentrer** (nach Hause gehen)
présent	je	rentre
	tu	rentres
	il/elle/on	rentre
	nous	rentrons
	vous	rentrez
	ils/elles	rentrent
impératif		Rentre. Rentrons. Rentrez.
passé composé		je suis rentré/e

! Die folgenden Verben auf *-er* haben jeweils eine Besonderheit:

infinitif		**acheter** (kaufen)		**appeler** (anrufen)		**commencer** (anfangen)
présent	j'	achète	j'	appelle	je	commence
	tu	achètes	tu	appelles	tu	commences
	il/elle/on	achète	il/elle/on	appelle	il/elle/on	commence
	nous	achetons	nous	appelons	nous	commençons
	vous	achetez	vous	appelez	vous	commencez
	ils/elles	achètent	ils/elles	appellent	ils/elles	commencent
impératif		Achète.		Appelle.		Commence.
		Achetons.		Appelons.		Commençons.
		Achetez.		Appelez.		Commencez.
passé composé		j'ai acheté		j'ai appelé		j'ai commencé

ebenso: **effacer** (löschen)

infinitif		**corriger** (korrigieren)			**préférer** (bevorzugen)
présent	je	corrige		je	préfère
	tu	corriges		tu	préfères
	il/elle/on	corrige		il/elle/on	préfères
	nous	corrig**e**ons		nous	préférons
	vous	corrigez		vous	préférez
	ils/elles	corrigent		ils/elles	préf**è**rent

impératif   Corrige. Corrig**e**ons. Corrigez.   Préf**è**re. Préférons. Préférez.

passé composé   j'ai corrigé   j'ai préféré

ebenso: manger (essen), mélanger (mischen), ranger (aufräumen), télécharger (downloaden)

ebenso: répéter (wiederholen)

3   Die Verben auf -*ir* (Typ *sortir*) | *Les verbes en* -ir (sortir)

infinitif		**sortir** (ausgehen)
présent	je	sors
	tu	sors
	il/elle/on	sort
	nous	sortons
	vous	sortez
	ils/elles	sortent

impératif   Sors. Sortons. Sortez.

passé composé   je suis sorti/e

ebenso: dormir (schlafen), partir (wegfahren), servir (servieren)

4   Die Verben auf -*ir* (Typ *ouvrir*) | *Les verbes en* -ir (ouvrir)

infinitif		**ouvrir** (öffnen)
présent	j'	ouvre
	tu	ouvres
	il/elle/on	ouvre
	nous	ouvrons
	vous	ouvrez
	ils/elles	ouvrent

impératif   Ouvre. Ouvrons. Ouvrez.

passé composé   j'ai ouvert

ebenso: découvrir (entdecken), offrir (schenken)

5 Die Verben auf -dre | *Les verbes en -dre*

infinitif   **attendre** (warten)

présent

j'	attends
tu	attends
il/elle/on	attend
nous	attendons
vous	attendez
ils/elles	attendent

impératif   Attends. Attendons. Attendez.

passé composé   j'ai attendu

ebenso: descendre (hinabsteigen), entendre (hören), perdre (verlieren), répondre (antworten), vendre (verkaufen)

6 Die unregelmäßigen Verben | *Les verbes irréguliers*

infinitif   **aller** (gehen)   **connaître** (kennen)   **devoir** (müssen)

présent

je	vais	je	connais	je	dois
tu	vas	tu	connais	tu	dois
il/elle/on	va	il/elle/on	connaît	il/elle/on	doit
nous	allons	nous	connaissons	nous	devons
vous	allez	vous	connaissez	vous	devez
ils/elles	vont	ils/elles	connaissent	ils/elles	doivent

impératif   Va. Allons. Allez.

passé composé   je suis allé/e   j'ai connu   j'ai dû

infinitif   **dire** (sagen)   **écrire** (schreiben)   **faire** (machen)

présent

je	dis	j'	écris	je	fais
tu	dis	tu	écris	tu	fais
il/elle/on	dit	il/elle/on	écrit	il/elle/on	fait
nous	disons	nous	écrivons	nous	faisons
vous	**dites**	vous	écrivez	vous	**faites**
ils/elles	disent	ils/elles	écrivent	ils/elles	font

impératif   Dis. Disons. Dites.   Écris. Écrivons. Écrivez.   Fais. Faisons. Faites.

passé composé   j'ai dit   j'ai écrit   j'ai fait

infinitif		**lire** (lesen)			**mettre** (legen, anziehen)			**pouvoir** (können)
présent	je	lis		je	mets		je	peux
	tu	lis		tu	mets		tu	peux
	il/elle/on	lit		il/elle/on	met		il/elle/on	peut
	nous	lisons		nous	mettons		nous	pouvons
	vous	lisez		vous	mettez		vous	pouvez
	ils/elles	lisent		ils/elles	mettent		ils/elles	peuvent
impératif		Lis.			Mets.			
		Lisons.			Mettons.			
		Lisez.			Mettez.			
passé composé		j'ai lu			j'ai mis			j'ai pu

ebenso: permettre (erlauben)

infinitif		**prendre** (nehmen)			**voir** (sehen)			**vouloir** (wollen)
présent	je	prends		je	vois		je	veux
	tu	prends		tu	vois		tu	veux
	il/elle/on	prend		il/elle/on	voit		il/elle/on	veut
	nous	prenons		nous	voyons		nous	voulons
	vous	prenez		vous	voyez		vous	voulez
	ils/elles	prennent		ils/elles	voient		ils/elles	veulent
impératif		Prends.			Vois.			
		Prenons.			Voyons.			
		Prenez.			Voyez.			
passé composé		j'ai pris			j'ai vu			j'ai voulu

ebenso: apprendre (lernen),
comprendre (verstehen)

SUPPLÉMENT 3

infinitif		**venir** (kommen)
présent	je	viens
	tu	viens
	il/elle/on	vient
	nous	venons
	vous	venez
	ils/elles	viennent
impératif		Viens.
		Venons.
		Venez.
passé composé		je suis venu/e